楼组自治指导手册

上海市闵行区虹桥镇人民政府
上海东方社会工作事务所
编

華東理工大學出版社
EAST CHINA UNIVERSITY OF SCIENCE AND TECHNOLOGY PRESS
·上海·

图书在版编目（CIP）数据

楼组自治指导手册 / 上海市闵行区虹桥镇人民政府，上海东方社会工作事务所编. — 上海：华东理工大学出版社，2017.6

ISBN 978-7-5628-5073-1

Ⅰ. ①楼… Ⅱ. ①上… ②上… Ⅲ. ①社区管理－手册 Ⅳ. ①C916.2-62

中国版本图书馆CIP数据核字(2017)第095549号

内容提要

本书是一本针对基层社区组织管理者、社区工作者、社区楼组及居民研发的，以介绍社区楼组自治的实用技能为主要内容的指导手册。本书分社区楼组自治实用技能、社区楼组自治实用工具和楼组自治操作指引等几个部分。全书图文并茂、应情应景、实用性强，适合从事社区治理的工作人员阅读和使用。

策划编辑/ 刘　军
责任编辑/ 刘　军
装帧设计/ 徐　蓉
漫画设计/ 严树泉
出版发行/ 华东理工大学出版社有限公司
地址：上海市梅陇路130号，200237
电话：021-64250306
网址：www.ecustpress.cn
邮箱：zongbianban@ecustpress.cn
印　刷/上海盛通时代印刷有限公司
开　本/ 889mm×1194mm　1/16
印　张/ 9.75
字　数/ 61 千字
版　次/ 2017年6月第1版
印　次/ 2017年6月第1次
定　价/ 60 .00元

前言

《楼组自治指导手册》是虹桥镇主题楼组建设的实务手册，也是各个楼组的成长纪念册。手册充分借鉴了以虹桥镇各类优秀楼组的建设经验，旨在为楼组长开展楼组工作提供借鉴和参考。

编者通过梳理楼组长的经验分享，结合专业判断，将主题楼组建设分为走近居民、找准方向、暖心活动、形成特色四个阶段；在每个阶段中又细分为三个步骤，并通过形象生动的方式，明确各个步骤的具体任务，预估可能的困境，提供应对技巧和情感支持。从而使楼组长直观地了解主题楼组建设的基本步骤和关键要素，为楼组长开展楼组工作提供专业支持。

本手册共分为正文与附录两部分，正文部分主要通过漫画结合口诀的形式，形象化呈现主题楼组的建设过程和技巧。附录部分则主要涉及主题楼组建设的理念背景，前期经验总结等，深化楼组长对楼组建设工作价值和意义的认识。

目录

导览

走近居民

关系破冰 → 需求摸底 → 找准资源

找准方向

组建小组 → 常规服务 → 主题策划

暖心活动

宣传动员 → 开展活动 → 解决问题

形成特色

工作总结 → 主题展示 → 社区影响

走近居民

挨家挨户
摸情况
从陌生人
到熟人

楼组家底

一、楼组基本情况

楼组地址：________路________弄________号

居委会名称：______________________________

楼组长姓名：______________ 居委会联络员姓名：______________

房屋类型：□动迁房□售后公房□商品房□其他

楼组总户数：_______________ 出租户数：________________________

二、楼组居民信息

居民总数：_________________ 党员数：__________________________

低龄及中龄老人数（60~79岁）：_________________________________

高龄老人数（80岁及以上）：_____________________________________

学龄前儿童数（未入小学）：_____________________________________

学龄期儿童数（小学、初中生）：_________________________________

青少年数（高中生、大学生）：___________________________________

三、联络居民方式

□楼组联系卡　　□ 活动通知　　□ 日常闲聊　　□ 微信平台

□其他____

楼组通讯录

住户号：________ 家庭成员数：________
户主：__________ 性别：______________
年龄：__________ 职业：______________
是否党员：______ 家庭电话：__________
手机号码：__________________________
电子邮件：__________________________

住户号：________ 家庭成员数：________
户主：__________ 性别：______________
年龄：__________ 职业：______________
是否党员：______ 家庭电话：__________
手机号码：__________________________
电子邮件：__________________________

住户号：________ 家庭成员数：________
户主：__________ 性别：______________
年龄：__________ 职业：______________
是否党员：______ 家庭电话：__________
手机号码：__________________________
电子邮件：__________________________

住户号：________ 家庭成员数：________
户主：__________ 性别：______________
年龄：__________ 职业：______________
是否党员：______ 家庭电话：__________
手机号码：__________________________
电子邮件：__________________________

住户号：________ 家庭成员数：________
户主：__________ 性别：______________
年龄：__________ 职业：______________
是否党员：______ 家庭电话：__________
手机号码：__________________________
电子邮件：__________________________

住户号：________ 家庭成员数：________
户主：__________ 性别：______________
年龄：__________ 职业：______________
是否党员：______ 家庭电话：__________
手机号码：__________________________
电子邮件：__________________________

楼组通讯录

住户号：________ 家庭成员数：________
户主：__________ 性别：______________
年龄：__________ 职业：______________
是否党员：______ 家庭电话：__________
手机号码：__________________________
电子邮件：__________________________

住户号：________ 家庭成员数：________
户主：__________ 性别：______________
年龄：__________ 职业：______________
是否党员：______ 家庭电话：__________
手机号码：__________________________
电子邮件：__________________________

住户号：________ 家庭成员数：________
户主：__________ 性别：______________
年龄：__________ 职业：______________
是否党员：______ 家庭电话：__________
手机号码：__________________________
电子邮件：__________________________

住户号：________ 家庭成员数：________
户主：__________ 性别：______________
年龄：__________ 职业：______________
是否党员：______ 家庭电话：__________
手机号码：__________________________
电子邮件：__________________________

住户号：________ 家庭成员数：________
户主：__________ 性别：______________
年龄：__________ 职业：______________
是否党员：______ 家庭电话：__________
手机号码：__________________________
电子邮件：__________________________

住户号：________ 家庭成员数：________
户主：__________ 性别：______________
年龄：__________ 职业：______________
是否党员：______ 家庭电话：__________
手机号码：__________________________
电子邮件：__________________________

楼组通讯录

住户号：________ 家庭成员数：________
户主：__________ 性别：______________
年龄：__________ 职业：______________
是否党员：______ 家庭电话：__________
手机号码：__________________________
电子邮件：__________________________

住户号：________ 家庭成员数：________
户主：__________ 性别：______________
年龄：__________ 职业：______________
是否党员：______ 家庭电话：__________
手机号码：__________________________
电子邮件：__________________________

住户号：________ 家庭成员数：________
户主：__________ 性别：______________
年龄：__________ 职业：______________
是否党员：______ 家庭电话：__________
手机号码：__________________________
电子邮件：__________________________

住户号：________ 家庭成员数：________
户主：__________ 性别：______________
年龄：__________ 职业：______________
是否党员：______ 家庭电话：__________
手机号码：__________________________
电子邮件：__________________________

住户号：________ 家庭成员数：________
户主：__________ 性别：______________
年龄：__________ 职业：______________
是否党员：______ 家庭电话：__________
手机号码：__________________________
电子邮件：__________________________

住户号：________ 家庭成员数：________
户主：__________ 性别：______________
年龄：__________ 职业：______________
是否党员：______ 家庭电话：__________
手机号码：__________________________
电子邮件：__________________________

楼组通讯录

住户号：________ 家庭成员数：________
户主：__________ 性别：______________
年龄：__________ 职业：______________
是否党员：______ 家庭电话：__________
手机号码：__________________________
电子邮件：__________________________

住户号：________ 家庭成员数：________
户主：__________ 性别：______________
年龄：__________ 职业：______________
是否党员：______ 家庭电话：__________
手机号码：__________________________
电子邮件：__________________________

住户号：________ 家庭成员数：________
户主：__________ 性别：______________
年龄：__________ 职业：______________
是否党员：______ 家庭电话：__________
手机号码：__________________________
电子邮件：__________________________

住户号：________ 家庭成员数：________
户主：__________ 性别：______________
年龄：__________ 职业：______________
是否党员：______ 家庭电话：__________
手机号码：__________________________
电子邮件：__________________________

住户号：________ 家庭成员数：________
户主：__________ 性别：______________
年龄：__________ 职业：______________
是否党员：______ 家庭电话：__________
手机号码：__________________________
电子邮件：__________________________

住户号：________ 家庭成员数：________
户主：__________ 性别：______________
年龄：__________ 职业：______________
是否党员：______ 家庭电话：__________
手机号码：__________________________
电子邮件：__________________________

楼组通讯录

住户号：________ 家庭成员数：________
户主：__________ 性别：______________
年龄：__________ 职业：______________
是否党员：______ 家庭电话：__________
手机号码：__________________________
电子邮件：__________________________

住户号：________ 家庭成员数：________
户主：__________ 性别：______________
年龄：__________ 职业：______________
是否党员：______ 家庭电话：__________
手机号码：__________________________
电子邮件：__________________________

住户号：________ 家庭成员数：________
户主：__________ 性别：______________
年龄：__________ 职业：______________
是否党员：______ 家庭电话：__________
手机号码：__________________________
电子邮件：__________________________

住户号：________ 家庭成员数：________
户主：__________ 性别：______________
年龄：__________ 职业：______________
是否党员：______ 家庭电话：__________
手机号码：__________________________
电子邮件：__________________________

住户号：________ 家庭成员数：________
户主：__________ 性别：______________
年龄：__________ 职业：______________
是否党员：______ 家庭电话：__________
手机号码：__________________________
电子邮件：__________________________

住户号：________ 家庭成员数：________
户主：__________ 性别：______________
年龄：__________ 职业：______________
是否党员：______ 家庭电话：__________
手机号码：__________________________
电子邮件：__________________________

楼组通讯录

住户号：________ 家庭成员数：________
户主：__________ 性别：______________
年龄：__________ 职业：______________
是否党员：______ 家庭电话：__________
手机号码：__________________________
电子邮件：__________________________

住户号：________ 家庭成员数：________
户主：__________ 性别：______________
年龄：__________ 职业：______________
是否党员：______ 家庭电话：__________
手机号码：__________________________
电子邮件：__________________________

住户号：________ 家庭成员数：________
户主：__________ 性别：______________
年龄：__________ 职业：______________
是否党员：______ 家庭电话：__________
手机号码：__________________________
电子邮件：__________________________

住户号：________ 家庭成员数：________
户主：__________ 性别：______________
年龄：__________ 职业：______________
是否党员：______ 家庭电话：__________
手机号码：__________________________
电子邮件：__________________________

住户号：________ 家庭成员数：________
户主：__________ 性别：______________
年龄：__________ 职业：______________
是否党员：______ 家庭电话：__________
手机号码：__________________________
电子邮件：__________________________

住户号：________ 家庭成员数：________
户主：__________ 性别：______________
年龄：__________ 职业：______________
是否党员：______ 家庭电话：__________
手机号码：__________________________
电子邮件：__________________________

楼组通讯录

住户号：________ 家庭成员数：________
户主：__________ 性别：__________
年龄：__________ 职业：__________
是否党员：______ 家庭电话：__________
手机号码：__________________________
电子邮件：__________________________

住户号：________ 家庭成员数：________
户主：__________ 性别：__________
年龄：__________ 职业：__________
是否党员：______ 家庭电话：__________
手机号码：__________________________
电子邮件：__________________________

住户号：________ 家庭成员数：________
户主：__________ 性别：__________
年龄：__________ 职业：__________
是否党员：______ 家庭电话：__________
手机号码：__________________________
电子邮件：__________________________

住户号：________ 家庭成员数：________
户主：__________ 性别：__________
年龄：__________ 职业：__________
是否党员：______ 家庭电话：__________
手机号码：__________________________
电子邮件：__________________________

住户号：________ 家庭成员数：________
户主：__________ 性别：__________
年龄：__________ 职业：__________
是否党员：______ 家庭电话：__________
手机号码：__________________________
电子邮件：__________________________

住户号：________ 家庭成员数：________
户主：__________ 性别：__________
年龄：__________ 职业：__________
是否党员：______ 家庭电话：__________
手机号码：__________________________
电子邮件：__________________________

楼组工作的目的在于发动楼组中的居民参与楼组的建设，营造和谐的熟人氛围。而这项工作的基础，是楼组长能够充分掌握楼组的详细情况、认识每一个居民，了解他们的信息，并与他们建立联系。这一过程正是摸清楼组家底的过程。

楼组家底包括楼组基本情况和楼组居民信息两部分：楼组基本情况包括楼组的地址、总户数等；楼组居民信息包括党员居民数量、各年龄段居民的人数等。楼组长在掌握这些信息后，需要填入“楼组家底”中的相应横线处。

摸清楼组家底的过程也是楼组长与居民之间关系破冰的过程。这一过程分为2个步骤：

1. 与楼组中的居民们进行初步接触

一般来说，第一次见到居民的地点就是楼道，我们需要把握这一面之缘的机会，主动和他们打招呼，互相之间作一个简短的自我介绍，并留下联系方式，建立好初步的关系。如果遇上的是居住在楼组中的国际友人，可以通过肢体语言辅助我们开展交流。

2. 登门拜访

简单的自我介绍只是对居民有了初步的认识，为了进一步了解居民的信息，我们还需要约好时间登门拜访。由于居民情况各不相同，有上班的也有退休的，因此我们需要选择合适的时间，根据留存的联系方式同居民约好时间，上门相谈。

楼组家底摸清楚，开启工作第一步。
基本信息多数据，切莫粗心犯迷糊。
联络方式贴实际，简单易记效果好。

初次见面在楼道，
主动招呼留印象；
面带微笑显亲切，
约定上门好时机；
上门之前做准备，
了解背景找话题。

约好了时间，我们就要上门拜访居民了。在登门拜访阶段，需要注意以下几点：

1. 拜访前的准备工作

在拜访前，我们要整理之前了解到的信息，例如居民的职业、家庭情况等，方便我们在拜访中展开合适的话题，并由此引出其他话题，进一步了解居民的情况。其次，要准备好联系卡或是名片，在拜访时赠送给居民。

2. 拜访时的注意事项

因为每家每户的生活习惯不尽相同，因此在拜访时，要遵守做客的礼仪，依照居民的指示进屋、入座，留下良好的印象。在聊天的过程中，我们一方面要了解居民的特长、爱好，另一方面也可以聊一聊居民遇到的急难愁问题，作为今后工作的切入点。需要注意的是，拜访的时间不宜过长，以免影响居民的生活。

3. 拜访结束后的工作

道别之前记得把我们准备好的楼组联系卡或是名片赠送给居民，或是将他们拉入楼组微信群当中，鼓励他们常常联系，多多沟通，如有需要可以通过电话、微信或楼组信箱等方式将自己的需求告诉楼组长。回到家中，我们要完整无误地将拜访中了解到的信息记录下来，为接下来收集居民需求、设计楼组活动等工作提供参考。

▶ 围绕楼组听意见，共同谋划谱新篇；
动员居民多参与，做好铺垫再相聚。

▶ 自我介绍我先做，进门记得遵礼仪；
多聊居民关心事，记牢每户急难愁。

▶ 留张楼组联系卡，有事没事常交流。
访问结束要道别，休息吃饭莫耽误。

问题与应对方式

需要牢记的是，与居民建立关系的过程有时并不是一帆风顺的。有些居民在一开始对我们不甚了解，出于安全考虑会拒绝我们登门拜访或是对我们采取抵触的态度。此时，我们不要灰心，可以借助传达居委会、业委会事务通知的机会与他们多多接触，打消他们的忧虑，时时关注并回应他们的需求，从而完成关系的破冰，建立起良好的邻居关系。

▼

遇到敲门多戒备，
门窗相隔沟通难。
安全考虑多理解，
日久终会喜相迎。
冷漠拒绝时发生，
乐观坚持不泄气。

▶ 租户进出不搭理，
巧借通知多上门。
生活关切暖人心，
包容接纳最重要。

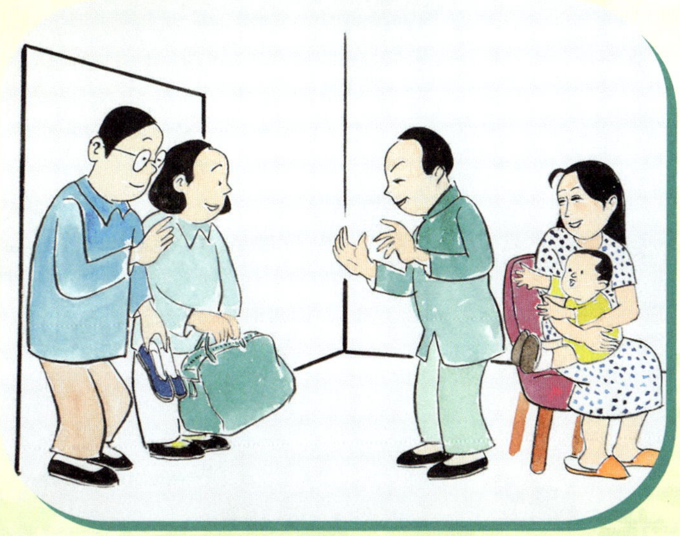

▶ 国际友人难沟通，面带笑容露善意。
肢体语言搭桥梁，语言不是大问题。

▼
居民习惯各相异，
沟通渠道多建立。
碰壁遇碍莫焦急，
日久才能见人心。
楼组建设开头难，
胜利曙光在前方。

楼组需求与问题

（填写说明：在圈中、框中填写了解到的居民需求以及楼组问题）

楼组问题清单

提出时间	楼组问题	解决路径	备注

楼组问题清单

提出时间	楼组问题	解决路径	备注

在摸清了楼组家底后，我们就需要在此基础上收集居民的需求、发现楼组中存在的问题了。

那么，为什么要收集楼组需求、发现楼组问题呢？一般来说，楼组工作往往是以楼组居民的需求或是楼组中的问题作为切入点；只有聚焦了居民的共性需求或普遍关注的问题，才能激发居民的参与意愿。

发现楼组需求与问题分为以下3个步骤：

1. 需求与问题的收集

楼组需求和问题可以通过之前在登门拜访时与居民约定的联系方式，如打电话、微信、楼组信箱等进行收集。楼组信箱的设置需要醒目，并有明确的用途标识，方便居民使用。同时，楼组长还要每天定时打开信箱收取居民意见。此外，我们还可以通过上门走访、楼道巡视等方式了解居民需求、发现楼组问题。

2. 需求与问题的分类

在了解了居民的需求和楼组问题之后，我们需要对相关的问题和需求实地看一看，以便我们掌握具体情况。一般来说，楼组问题包括楼道堆物、宠物便溺等；楼组需求则包括老人照料、代看孩童等。接着，我们需要就这些需求或问题的具体内容进行分类，确定哪些可以在楼组内部解决，哪些需要居委会、物业等提供帮助，寻找合适的解决途径。同时，依照问题的难易程度进行排序，合理且易于解决的问题先放于首位，其余问题可通过组织居民协商、拟定计划，共同解决。之后，我们需要将相关的信息填入“楼组问题清单”留下工作痕迹。

3. 需求与问题的跟进

在满足居民需求、解决楼组问题的过程中，我们需要对问题和需求的处理进展进行跟进，及时向居民和居委会、物业等相关方了解信息并做好反馈。做好需求与问题的跟进有助于让楼组居民了解目前的楼组工作情况，提升他们的参与感，并为后续工作计划的制订打下基础。

居民需求识别准，楼组问题定位清。
楼组信箱醒目挂，明确用途写标语。
每天打开翻一翻，居民意见逐条看。

走访信息多汇总，居民需求列清单。
楼上楼下走一走，楼组问题亲眼见。

楼组问题多常见，小编帮您提个醒。
每逢节日保姆荒，每家每户家务难。
楼道大厅自行车，空间狭小难走人。
居民养犬乱便溺，滋生细菌留隐患。
楼组问题很多样，楼长观察需仔细。

得知需求要归类，
合理易行先满足。
社区需求报居委，
楼组需求册上记。

问题与应对方式

在收集楼组需求和问题的过程中，居民有时会因为不好意思麻烦别人或是没有意识到相关的问题，而没有向我们说出自己的需求。这时我们可以通过与居民聊天或是根据收集到的居民信息，找到居民的共性需求，比如代看孩童、照顾独居老人等，组织相关的活动、服务或是寻求居委会、物业的帮助。

此外，在工作中，我们也不难发现，居民的需求是碎片化和多元化的，需要我们对此进行梳理，按照先易后难的顺序开展工作。对于比较突出的楼组问题，我们要寻求居委会、物业及楼组居民等方面的协助，合作解决这些问题。

▶ 居民需求繁杂碎，
莫有压力慢慢来。
分清主次再入手，
先易后难讲逻辑。

▶ 楼组问题较尖锐，自信面对不回避。
多方合作明职责，先苦后甜有担当。

▶ 居民需求不明说，楼长需从多方查。
隐性需求多挖掘，根据人群找共性。

楼组资源

一、居民爱好数一数

（填写说明：在“□”中打钩，也可在最后的填写框中补充其他爱好）

□ 01 摄影爱好

□ 02 书画爱好

□ 03 绿化种植

□ 04 棋牌活动

□ 05 跳舞唱歌

□

二、楼组专家找一找

楼组专家摸底汇总表

序号	住户号	姓名	性别	年龄	职业特长	联系电话

楼组需求的回应和问题的处理除了居委会和物业提供的帮助之外，更多的还是需要依托楼组自身的资源予以解决。这就需要楼组长有意识地寻找楼组资源。寻找楼组资源一般包括2个步骤：

1. 明确楼组资源的类型和内容

我们生活的楼组中包含了哪些资源？一般来说，我们的楼组中会包含像教师、法官、医生等这一类的专家资源；楼组志愿者、热心居民等志愿资源；像公共门厅这样的空间资源；楼组基金这样的资金资源。除此之外，楼组居民在摄影、书画、歌咏、编织等方面的爱好，在人际沟通、矛盾调解方面的特长也能够为楼组活动的开展带来极大的益处。由此看来，隐藏在楼组之中的资源还是非常丰富的。在明确了资源的类型和内容之后，我们便能够有针对性地开展工作，寻找这些资源了。

2. 梳理楼组现有资源

既然楼组中有这么多的资源，我们该如何找到它们呢？其实在摸清楼组家底的过程中，我们就对居民的职业有了一定的了解，从居民口中知晓他们的兴趣、爱好及特长。我们可以将这些信息汇总填入“楼组专家摸底汇总表”中，方便我们梳理楼组资源。

居民爱好找一找，专家资源挖一挖。
社区团队多推荐，了解居民兴趣点。
楼上阿姨爱练嗓，缺少知音无人听。
主动闲聊谈歌曲，推荐社区唱歌班。

楼下老伯会画画，自娱自乐缺少伴。
社区画展先告知，鼓励投稿展特长。

隔壁阿叔常有客，
一问曾经是老师。
英语流利心肠热，
愿为居民做奉献。

大爷大妈唠家常，
话题谈到小朋友。
低碳环保学校教，
钢琴舞蹈业余学。
各行各业出能手，
儿童特长常关心。

问题与应对方式

鉴于每个楼组的情况各不相同，在挖掘楼组资源的过程中，有时会遇到找不到专家、寻不到合适的场地或是楼组居民没有特长、爱好的问题。

针对这些问题，我们首先需要明白，专家资源是十分稀缺的，所以有时不一定需要找到相关的从业人员，在法律、养身等方面有所研究的居民也可以作为我们开展活动的顾问。对于没有场地的问题，我们可以试着开放家门，在家中设立楼组会客厅，定期组织居民相聚交流感情或者请求居委会的帮助，借用会议室开展活动。对于居民缺乏爱好的问题，则可以逐步引导，鼓励他们按照自己的兴趣参加舞蹈班、书画班等社区团队活动，丰富自己的生活。

专业人士太稀缺，保持信心多挖掘。
能力不分三六九，不求专精求奉献。

没有特长缺爱好，不作勉强要鼓励。
细细了解多交心，关系融洽也是宝。

楼组空间太狭小，
心态放平不比较。
楼组虽小五脏全，
旧貌也能换新颜。
资源不求高大上，
简单实用最走心。

找准方向

众人拾柴

火焰高

建设楼道

主意多

楼组骨干

我们的讨论小组（楼组骨干团队）名称：____________________

讨论小组花名册：

（填写说明：在空白处填入成员姓名，人数不限，在箭头处填写主要职责）

楼组骨干花名册

住户号	姓名	性别	年龄	联系电话	主要职责

找到了楼组资源，接下来就是整合这些资源帮助我们开展工作了。正所谓一个好汉三个帮，楼组工作单靠楼组长一个人来开展是不现实的。为此，我们需要将楼组中的志愿者、党员、热心居民等志愿资源进行整合，组建一支楼组骨干团队，成为我们开展楼组工作的得力帮手。那么这支楼组团队能帮助我们做些什么呢？一般来说，楼组团队可以与楼组长一起商讨、策划、执行楼组活动与服务，协助楼组长开展事务通知、表单收集等工作。建立楼组骨干团队一般有3个步骤：

1. 介绍团队职责并询问居民意愿

在摸清楼组家底阶段，我们了解了居民的特长、爱好，并认识了一些热心居民。在此基础上，我们可以同这些热心居民进一步沟通，向他们介绍楼组团队的工作内容，并询问他们是否愿意加入楼组骨干团队。楼组团队是带有自愿性质的，所以必须尊重居民的选择。在得到居民的肯定答复后，我们需要填写“楼组骨干花名册”作相关记录。

2. 筹备楼组骨干团队会议

找到了楼组骨干，下一步就是通过团队会议将他们召集在一起互相认识了。首先要确定团队会议的时间、地点。考虑到部分居民需要上班，所以时间定在周末或是晚间会比较适宜，具体时间则需要提前联系居民，根据反馈情况安排，保证每一名楼组骨干都能够出席。而鉴于楼组中不一定有合适的公共空间供会议使用，我们可以将居民邀请到自己家中或是向居委会申请场地求，从而落实会议场地。

3. 召开楼组骨干团队会议

因为是初次见面，骨干们可能会比较拘谨，楼组长可以代为逐个介绍，并保持会议氛围的轻松愉快。在第一次会议中，我们还可以组织骨干们为我们的这支楼组骨干团队起一个特色名称，并做好任务分工，明确今后工作中的职责，如负责楼组中的宣传、调解等板块的工作。在明确每人的职责之后，将相关信息填入“楼组骨干花名册”中。

热心居民成骨干，找到帮手拧成绳。
讨论小组定名称，明确分工组团队。
先找楼组五大员，再邀党员志愿者。

首次拜访知家底，
再次碰面问意愿。
成立小组说想法，
团队职责先介绍。
强调奉献多鼓励，
能力次要重参与。
若有意愿记一笔，
协调时间邀会议。

青年党员尚在职，
电梯碰到楼组长。
楼长谈到讨论组，
虽然想来没时间。
邀请作为智囊团，
欣然接受多献计。

▶ 底楼大叔是红人，各类团队勤参与。
楼长沟通说想法，悉听介绍愿加入。

▼
人员确定见个面，
初步接触作互动。
首次碰头若不熟，
楼长挨个作介绍。
小组名称大家说，
职责分工作协调。
商量一致出名单，
征询意见作公示。

问题与应对方式

在寻找楼组骨干的过程中，居民会因为种种顾虑而拒绝我们的邀请。此时不要灰心，一方面我们可以邀请平时与我们交情较深的热心居民加入团队；另一方面，对一些热心但缺乏参与时间的居民，则可以邀请他们作为团队的顾问，通过微信、电话等方式为我们的楼组工作出谋划策。

辛辛苦苦找骨干，
稀稀落落没回应。
有所顾虑很正常，
多作尝试不气馁。
邀请参与讲智慧，
熟人友人先通气。

热心居民工作忙，
心余力绌难顾及。
养家为重可理解，
邀作顾问也可以。
时间难题网络解，
小辈晚辈来帮忙。

成员碰面有拘谨，形式严肃略尴尬。
社区活动聚一起，有效互动增了解。

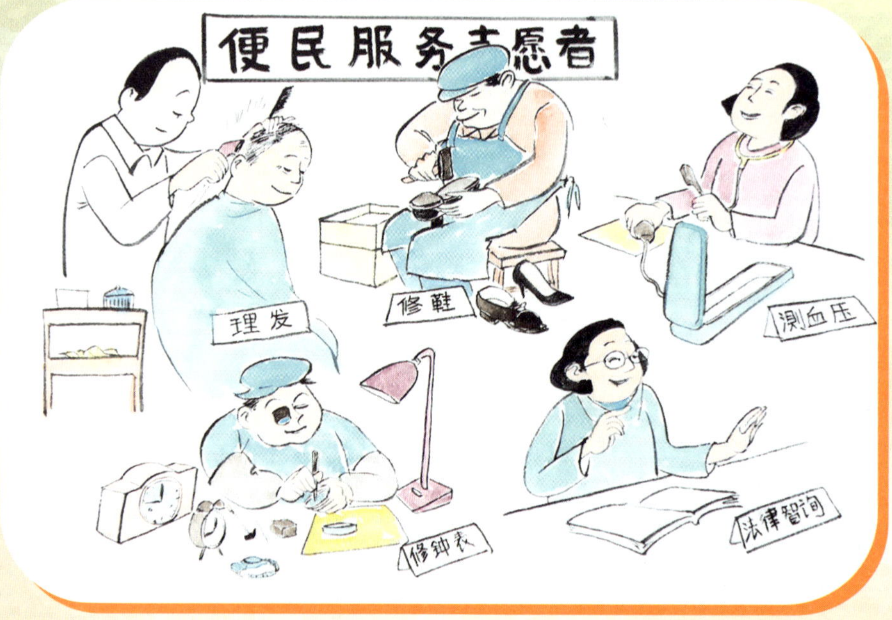

寻找帮手需耐心，磨刀不误砍柴工。
积极倡导消顾虑，人多人少都得力。

楼组服务

（填写说明：将符合的连线，也可在空白圈中补充楼组的服务内容）

楼组服务记录表

服务日期	年　月　日	服务时间	点　分至　点　分
服务地点		服务对象	
服务内容			

服务日期	年　月　日	服务时间	点　分至　点　分
服务地点		服务对象	
服务内容			

服务日期	年　月　日	服务时间	点　分至　点　分
服务地点		服务对象	
服务内容			

楼组服务记录表

服务日期	年 月 日	服务时间	点 分至 点 分
服务地点		服务对象	
服务内容			

服务日期	年 月 日	服务时间	点 分至 点 分
服务地点		服务对象	
服务内容			

服务日期	年 月 日	服务时间	点 分至 点 分
服务地点		服务对象	
服务内容			

楼组服务记录表

服务日期	年　月　日	服务时间	点　分至　点　分
服务地点		服务对象	
服务内容			

服务日期	年　月　日	服务时间	点　分至　点　分
服务地点		服务对象	
服务内容			

服务日期	年　月　日	服务时间	点　分至　点　分
服务地点		服务对象	
服务内容			

楼组服务记录表

服务日期	年 月 日	服务时间	点 分至 点 分
服务地点		服务对象	
服务内容			

服务日期	年 月 日	服务时间	点 分至 点 分
服务地点		服务对象	
服务内容			

服务日期	年 月 日	服务时间	点 分至 点 分
服务地点		服务对象	
服务内容			

楼组服务记录表

服务日期	年 月 日	服务时间	点 分至 点 分
服务地点		服务对象	
服务内容			

服务日期	年 月 日	服务时间	点 分至 点 分
服务地点		服务对象	
服务内容			

服务日期	年 月 日	服务时间	点 分至 点 分
服务地点		服务对象	
服务内容			

楼组服务记录表

服务日期	年　月　日	服务时间	点　分至　点　分
服务地点		服务对象	
服务内容			

服务日期	年　月　日	服务时间	点　分至　点　分
服务地点		服务对象	
服务内容			

服务日期	年　月　日	服务时间	点　分至　点　分
服务地点		服务对象	
服务内容			

楼组服务记录表

服务日期	年　月　日	服务时间	点　分至　点　分
服务地点		服务对象	
服务内容			

服务日期	年　月　日	服务时间	点　分至　点　分
服务地点		服务对象	
服务内容			

服务日期	年　月　日	服务时间	点　分至　点　分
服务地点		服务对象	
服务内容			

楼组服务记录表

服务日期	年　月　日	服务时间	点　分至　点　分
服务地点		服务对象	
服务内容			

服务日期	年　月　日	服务时间	点　分至　点　分
服务地点		服务对象	
服务内容			

服务日期	年　月　日	服务时间	点　分至　点　分
服务地点		服务对象	
服务内容			

前面说到，许多楼组的需求和问题要依托楼组自身来进行解决。楼组服务就是其中的一种手段。定期开展楼组服务能够让我们和楼组骨干们加强与居民的联系；同时，楼组居民间的交流也能够随着楼组服务的开展而增多，从而帮助我们在楼组中营造熟人氛围，提升楼组的凝聚力。开展楼组服务分为3个步骤：

1. 确定楼组服务的内容

在开展楼组服务之前，我们需要明确楼组服务包含哪些内容。一般来说，常规的楼组服务包括楼组安全防范提示、社区活动通知、邻里矛盾调解、居民需求反馈等内容，但主要还是根据居民需求、楼组资源的情况设计服务内容。

2. 开展楼组服务

楼组服务的开展，需要依托楼组骨干团队中各成员的分工合作，例如社区活动的通知，可以通过楼组骨干分层分工上门宣传，提高工作效率；邻里矛盾，则交由善于调解的楼组骨干进行疏导；房屋漏水，居民不在家中或是不便出门，则可由楼组长代为联系物业进行维修；楼组安全、文明方面的宣传，除了日常提示外，我们还能和楼组骨干一起设计标语、宣传画等张贴在楼道宣传栏中；而对于突发事件，则需要楼组长和团队成员及时响应，号召居民共同参与问题的解决。在服务完成后，需要及时填写“楼组服务记录表”。

3. 楼组服务的反馈及改善

楼组服务好不好，居民说了才知道。我们可以在定期的上门拜访、微信、电话沟通中了解居民对于目前楼组服务的意见和看法，将这些意见进行汇总，从而帮助我们优化、拓展楼组服务的内容。

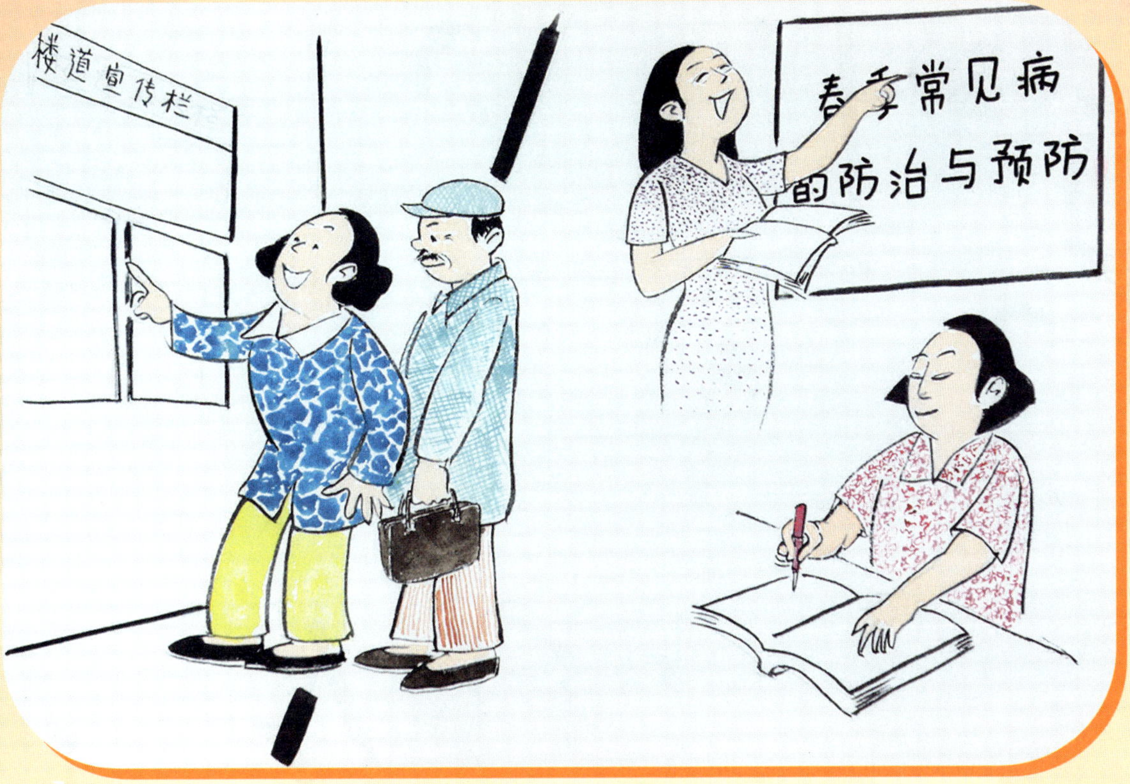

家长里短多关心，便民服务常组织。现有服务要优化，可行服务多补充。用好楼道宣传栏，小组分工做版面。八月你来做党刊，九月我来写养生。便民电话做汇总，物业业委居委会。意见反馈留小本，挂支小笔方便记。

社区活动勤通知，大事要事要及时。小组成员共出力，分层分工去上门。

▼

关好门窗和燃气，
安全防范多提醒。
文明养宠不扰民，
醒目位置贴标识。

▶ 楼组是个大家庭，
邻里互助一条心。
生人晃悠问两句，
楼道安全共留意。
突发情况速反应，
邻里共解燃眉急。

▼

讨论小组始发力，
各司其职做服务。
楼长物业常联系，
漏水物损帮忙报。
娘舅调解有经验，
邻里矛盾他干预。
组员能力各不同，
边做服务边磨合。

问题与应对方式

在开展楼组服务的过程中，有时会出现居民不看我们制作的标语和发布的公告等情况，此时要理解快速的生活节奏使得居民很难分心来注意楼组中的这些细节。所以适当地上门宣传，向居民发放资料就显得很有必要。在服务过程中，居民可能会对我们的服务产生不满，不愿意配合，此时我们要耐心一点，秉着和气至上的原则，多多沟通。相信通过楼组长和楼组骨干的共同努力能够为楼组居民树立榜样，培养楼组居民的公益精神。

楼道公告无人看，
社区近况不关心。
生活匆忙难停歇，
并非无心要理解。
适时上门发资料，
主动服务便居民。

贴士提醒收效微，
楼组文明不注意。
习惯养成要时间，
细微改变也重要。
话语简洁方便看，
用词得当贴人心。

居民工作不配合，耐心调解不领情。
和气至上讲原则，调解不成找居委。

以身作则树榜样，润物无声多用心。
服务虽小作用大，居民点滴记心间！

楼组主题活动策划

活动排片：

（填写说明：针对某一类需求或问题，制订大致的活动排片表）

楼组会议记录表

时 间	
地 点	
主 题	
参加人员	
主要内容	
照片粘贴处	

楼组会议记录表

时 间	
地 点	
主 题	
参加人员	
主要内容	
照片粘贴处	

楼组会议记录表

时 间	
地 点	
主 题	
参加人员	
主要内容	
照片粘贴处	

楼组会议记录表

时 间	
地 点	
主 题	
参加人员	
主要内容	

照片粘贴处

楼组会议记录表

时 间	
地 点	
主 题	
参加人员	
主要内容	
照片粘贴处	

楼组会议记录表

时 间	
地 点	
主 题	
参加人员	
主要内容	
照片粘贴处	

楼组会议记录表

时 间	
地 点	
主 题	
参加人员	
主要内容	

照片粘贴处

楼组会议记录表

时 间	
地 点	
主 题	
参加人员	
主要内容	

照片粘贴处

楼组会议记录表

时 间	
地 点	
主 题	
参加人员	
主要内容	
照片粘贴处	

楼组会议记录表

时 间	
地 点	
主 题	
参加人员	
主要内容	

照片粘贴处

楼组会议记录表

时 间	
地 点	
主 题	
参加人员	
主要内容	

照片粘贴处

楼组会议记录表

时 间	
地 点	
主 题	
参加人员	
主要内容	

照片粘贴处

因为居民的需求是多样的，有时我们的楼组服务不一定能够回应居民的个性化需求，所以除了楼组的常规服务之外，我们还需要开展一些主题活动作为补充。而通过对楼组活动的讨论、策划、实施、总结，能够为楼组骨干团队的成长提供实践机会，继而提升楼组工作的质量。在开展楼组主题活动之前，我们需要开展以下3项工作：

1. 聚焦主题，筹备会议

想要开展楼组主题活动，首先就需要明确活动的主题。那么活动的主题从哪里来呢？当然是从之前排摸楼组家底阶段，在与居民交流的过程中根据居民的需求选择主题。活动主题包括孝亲敬老、邻里和睦、美化楼道、节日欢庆等。而在选取了主题之后，需要召集楼组骨干团队会议对这些主题进行筛选。会议的时间地点需要提前明确，具体的注意事项我们已在楼组骨干板块中作了详述，在此不作展开。

2. 召开会议，群策群力

为了确保会议的有序和有效，开会之前我们要声明会议的纪律，如讨论不要跑题、不打断他人的发言等。之后，我们需要向与会的楼组骨干们介绍目前选取的楼组活动主题，引导骨干们谈谈自己的想法和意见，并适当地作归纳总结，理清思路。

3. 达成共识，设计活动

经过一番头脑风暴之后，大家对活动的主题达成了一些共识。在此基础上，我们需要综合楼组现有资源（专家、场地、资金等）通过民主表决选取合适的活动主题，并对活动内容进行初步的设想和设计，例如什么时候开展、活动的参与对象是谁、活动的具体负责人是谁等，从而确保活动的可行性和可操作性。同时，在保证活动主旨明确的同时，内容设计也需要新颖、有趣味性，以保证居民的参与热情。

▶ 常规服务还不足，暖心活动来补充。居民需求各不同，活动要有针对性。围绕目标作安排，楼组会议想方法。会议之前作准备，沟通时间和地点。在职居民上班忙，多选周末晚饭后。提前通知定议题，预想方案先初拟。

▶ 会议先说开场白，澄清议题定秩序。抛砖引玉说想法，小组成员来补充。围绕目标大家说，梳理思路作回应。头脑风暴出灵感，广纳贤言再总结。

▶ 达成共识作规划，点子建议排一排。活动设计需可行，内容丰富有创意。逐条意见作分析，大家一起作决定。

问题与应对方式

在讨论楼组主题活动的过程中，有时居民会因为害怕担责不敢发言；或是某位骨干非常强势，不给别人发言的机会；又或者会议氛围很热烈，但是却没有围绕主题展开讨论。针对这些情况，我们一方面要向骨干们澄清，讨论只是说说想法，不需要有太多顾虑，鼓励他们放下包袱畅所欲言，并通过谈论生活中的小事引起居民的兴趣；另一方面，要确保讨论规则的有效落实，并对讨论主旨进行澄清，在保障每一位成员都有发言机会的同时，做好舆论引导，防止讨论偏题。对于居民的反对意见，我们要耐心倾听，因为合理的建议对于后续工作的开展有着莫大的帮助；而对于因为不理解个中缘由而提出的反对意见，则需要及时解释，避免误会。在讨论结束后，我们需要将会议情况及时填写在“楼组会议记录表”中。

害怕担责不主动，金口难开不谏言。
气氛沉闷莫在意，初次发言会拘谨。
组员沉默多鼓励，权责关系先声明。

会议主题难聚焦，
闲聊跑题没效率。
乐于发言是好事，
注重引导作澄清。

强势组员话不停，
会场变成一言堂。
舆论领袖很关键，
把握好度人人议。

场面冷淡心不慌，
生活琐事引话题。
正反意见都要听，
合理回应镇住场。

暖心活动

根据计划

搞活动

动员居民

齐参与

楼组活动宣传与筹备

（填写说明：在“□”中打钩，也可在空白圈中填写其他的宣传手段）

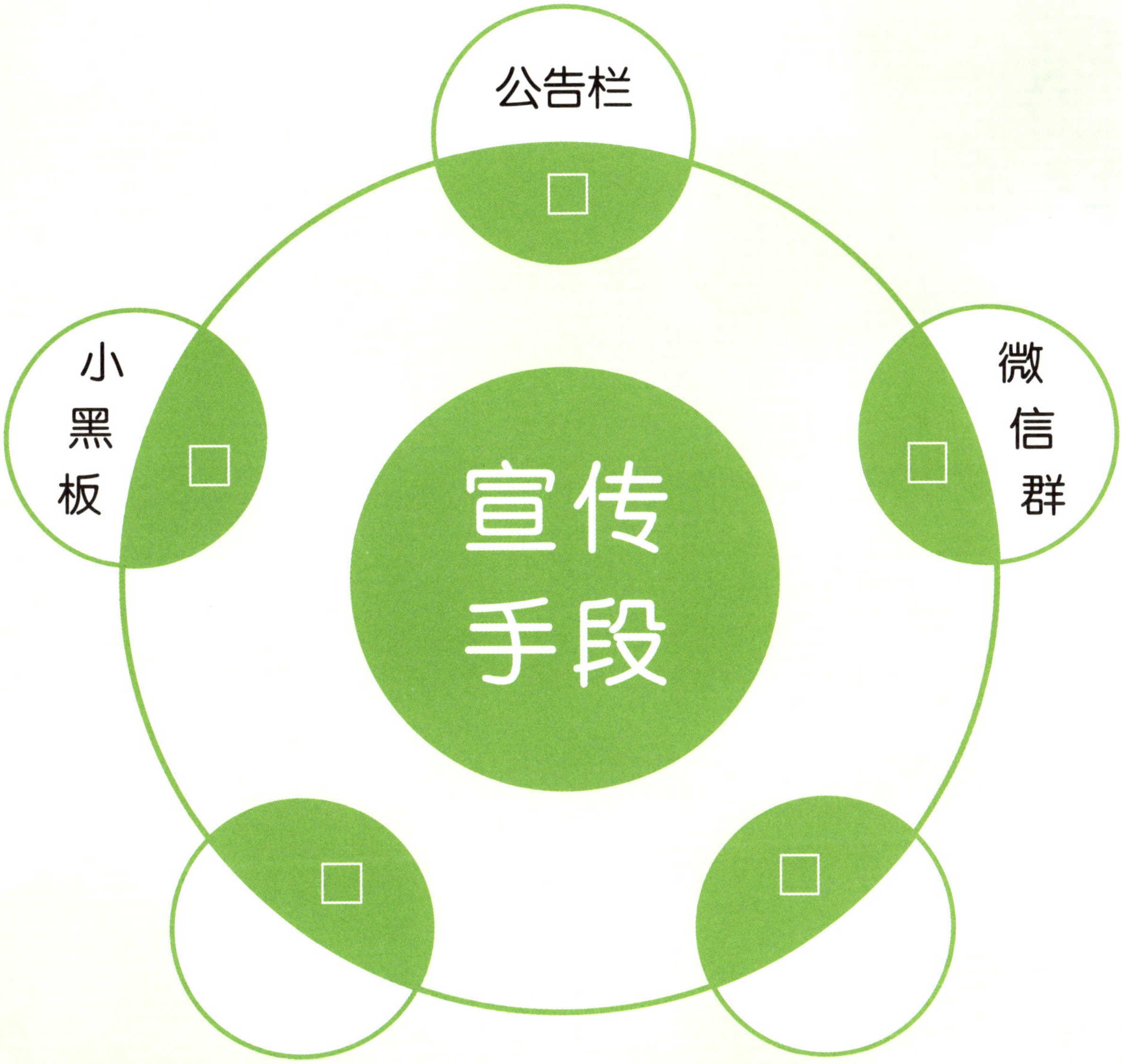

楼组活动宣传记录表

时 间	
主 题	
形 式	
照片粘贴处	

时 间	
主 题	
形 式	
照片粘贴处	

楼组活动宣传记录表

时 间	
主 题	
形 式	
照片粘贴处	

时 间	
主 题	
形 式	
照片粘贴处	

楼组活动宣传记录表

时 间	
主 题	
形 式	

照片粘贴处

时 间	
主 题	
形 式	

照片粘贴处

楼组活动宣传记录表

时 间	
主 题	
形 式	
照片粘贴处	

时 间	
主 题	
形 式	
照片粘贴处	

楼组活动宣传记录表

时 间	
主 题	
形 式	
照片粘贴处	

时 间	
主 题	
形 式	
照片粘贴处	

楼组活动宣传记录表

时 间	
主 题	
形 式	
照片粘贴处	

时 间	
主 题	
形 式	
照片粘贴处	

楼组活动宣传记录表

时 间	
主 题	
形 式	
照片粘贴处	

时 间	
主 题	
形 式	
照片粘贴处	

楼组活动宣传记录表

时 间	
主 题	
形 式	
照片粘贴处	

时 间	
主 题	
形 式	
照片粘贴处	

楼组暖心活动

（填写说明：可在水滴图片处贴上活动照片展示）

活动简介

活动主题：

楼组暖心活动

（填写说明：可在水滴图片处贴上活动照片展示）

活动简介

活动主题：

楼组暖心活动

（填写说明：可在水滴图片处贴上活动照片展示）

活动简介

活动主题：

楼组暖心活动

（填写说明：可在水滴图片处贴上活动照片展示）

活动简介

活动主题：

楼组暖心活动

（填写说明：可在水滴图片处贴上活动照片展示）

活动简介

活动主题：

楼组暖心活动

（填写说明：可在水滴图片处贴上活动照片展示）

活动简介

活动主题：

完成了楼组主题活动的策划，我们为主题活动起了一个简单易记的名字，如“绿色小阳台”“楼组心公益”“夕阳关怀”“楼组主题节日—美食节”等，接下去就要开展活动了。

第一步，做好活动的宣传工作。俗话说，酒香不怕巷子深，但是如果没有对活动进行宣传，居民就无法知晓活动的存在，也没有办法协调时间出席。为了确保主题活动的顺利开展，我们需要组织楼组骨干依照之前的讨论分工，就活动针对的目标人群，通过黑板报、宣传折页、微信、海报、上门通知等方式向居民宣传我们的主题活动，从而确保主题活动人人晓。

第二步，做好活动开展前的准备工作。正所谓“巧妇难为无米之炊”，如果在活动开始前没有做好物资准备工作，那么活动的成效也将大打折扣。对此，我们可以通过动员楼组居民贡献资源、使用楼组基金购买活动用品或是向居委会、物业公司申请场地的方式进行协调。

第三步，开展主题活动。活动开展的前一晚，要对楼组居民进行再次通知以作提醒。活动当天我们要与楼组骨干提前到达活动会场进行布置，迎接参与活动的居民，分发活动材料，维持现场秩序。活动过程中，我们要与居民多多互动，活跃气氛，让楼组居民间的感情增进。活动期间记得要多多拍照留影，记录下活动的精彩瞬间，也作为楼组成长的见证，及时填入“楼组暖心活动”处。

宣传手段多样化，
人力物力善调动。
创新方法讨人喜，
楼组活动人人晓。
活动主题要明确，
简单易读有含义。

讨论小组齐发力，分工合作展特长。
用上黑板公告栏，活动内容要清晰。
宣传单页做设计，内容简洁花样新。
微信群里贴通知，邻里走动多提及。

目标群体要锁定，定向宣传增效果。
活动准备需充足，全民参与齐贡献。
居委物业多跑动，争取场地和物资。

楼组活动小而精，号召居民同参与。
事前分工需明确，各司其职有保障。
活动前夜要提醒，挨家碰面传消息。

活动当天需准备，
小组成员共张罗。
布置会场造气氛，
第一印象要做好。
热情接待参与客，
笑脸相迎致问候。

楼长主持起个头，
如有物资先下发。
小组成员把秩序，
有条不紊做安排。
氛围热络多互动，
欢声笑语乐融融。

活动期间多留影，精彩瞬间留回忆。
节日活动常举办，邻里和睦一家亲。

问题与应对方式

在活动宣传期间，我们可能因为缺少资金，没有办法做出让人眼前一亮的宣传品。其实，宣传品最重要的是让居民感受到一份心意。我们可以发放手绘漫画或是简单的手工艺品等宣传品。此外，我们还可以寻求居委会和社工的帮助，在他们的指导下开展楼组活动的宣传工作。

而在活动开展期间，居民对于首次开展的主题活动会感到陌生和猜忌，导致参与热情不高。这时候千万不要灰心，首次的活动可以作为我们的尝试，关注那些在活动过程中出现的闪光点，作为经验融入后续工作开展中。同时，在后续活动的准备中，我们要会同楼组骨干一起针对前次活动中遇到的问题进行总结、反思，改善活动内容及方式等。

针对活动中遇到的突发情况，如居民争执、居民因病晕倒、灾害等，首先要保持镇定不要惊慌，理性应对，维持现场秩序，针对不同情况进行协调。同时，也要求我们对这些可能出现的突发情况制订应急预案，做到有备无患。

▶ 活动宣传缺资金，
内容单调没新意。
金钱不是万能的，
心意到了最要紧。
漫画趣图手工艺，
丰衣足食靠自己。

大力宣传收效微，另找途径无头绪。
遇到困境静下心，多听建议找突破。
微信活动二维码，张贴海报引关注。
调整策略换思路，居委社工来相助。

宣传工作很辛苦，借力巧干能省心。
稀疏响应放宽心，成效说话有底气。

居民参与不积极，
小组成员略灰心。
注重过程看优点，
再接再厉增士气。
前期工作做充足，
预估困难想细节。

突发情况难预料，
活动混乱起争议。
遇到困难需理性，
保持镇静不慌张。
应急预案提前想，
秩序维持放最前。

首次失败不可怕，
总结经验多取经。
安全第一要切记，
居民情绪多顾及。

楼组公约解难题

一、我们的公约

______________________（公约标题）

二、一步一步解难题

（填写说明：在空白处填写解决问题的阶段性目标）

楼组公约解决问题记录

楼组公约解决问题记录

楼组公约解决问题记录

楼组公约解决问题记录

楼组公约解决问题记录

在开展了一定数量的楼组服务和主题活动之后，居民对于楼组的关注度有了显著的提升。同时，我们也在楼组服务和主题活动开展过程中针对楼组问题总结出了一些行而有效的工作方法。为了将这些经验固化下来，我们需要以楼组公约的方式，将其融入我们的楼组生活之中，引导居民形成良好的楼组生活习惯。

楼组公约的制订有以下3个步骤：

1.发出倡议，确定内容

在制订楼组公约之前，我们需要通过微信、黑板报、海报等方式，向楼组居民进行倡议，号召居民提出意见。再根据居民反馈的意见，列出清单，交由楼组骨干团队会议讨论和甄选。我们可以将楼道堆物、高空抛物、宠物便溺等楼组问题，或是居民文明习惯养成等作为公约内容。

2.拟定公约，征询意见

为了方便居民理解，我们建议将楼组公约以顺口溜、诗词等居民喜闻乐见、简单易记的形式进行编写。在制订完初稿之后，需要将初稿在楼组宣传栏、微信等平台上进行公示，在楼组骨干的协助下通过楼组信箱、微信等方式听取居民针对楼组公约的意见，并将这些意见进行梳理，对照公约内容逐条斟酌、修订，形成终稿。终稿完成后，需要根据实际情况公示；公示期间若居民没有异议，我们可以组织楼组骨干，上门让每户居民在公约上签字，并将公约内容填写在“我们的公约”之中。完成这些工作后，我们的楼组公约就正式生效了。

3.依托公约，解决问题

有了楼组公约，我们的楼组生活就有了守则。那么如何使用这份守则呢？当我们发现楼组问题时，我们需要借助楼组公约在楼组中进行宣传，让居民们意识到目前的问题影响到了楼组生活，从而能够动员居民参与问题的解决。同时，我们可以首先动员楼组中的党员同志带头为居民做出榜样。

但楼组公约不是万能的。针对具体问题，像楼道堆物、宠物便溺等容易反复的楼组顽疾，我们还是要具体分析。因此，我们需要召集楼组骨干们针对问题提供工作计划，将复杂的问题分解为多个工作阶段予以处理，并明确每一个阶段的工作目标。如此一来可以保证工作的持续开展，且每一个小目标的达成也有助于提振团队的士气，让居民对问题的解决产生信心。同时，我们还可以将这些过程填入“一步一步解难题”和“楼组公约解决问题记录”之中，作为楼组成长的见证。除此之外，我们还能够借助居委会的力量，帮助我们开展相关的工作宣传，向居民晓以问题的利害，在日积月累的过程中，让楼组居民养成良好的楼组生活习惯，形成文明的楼组风气。

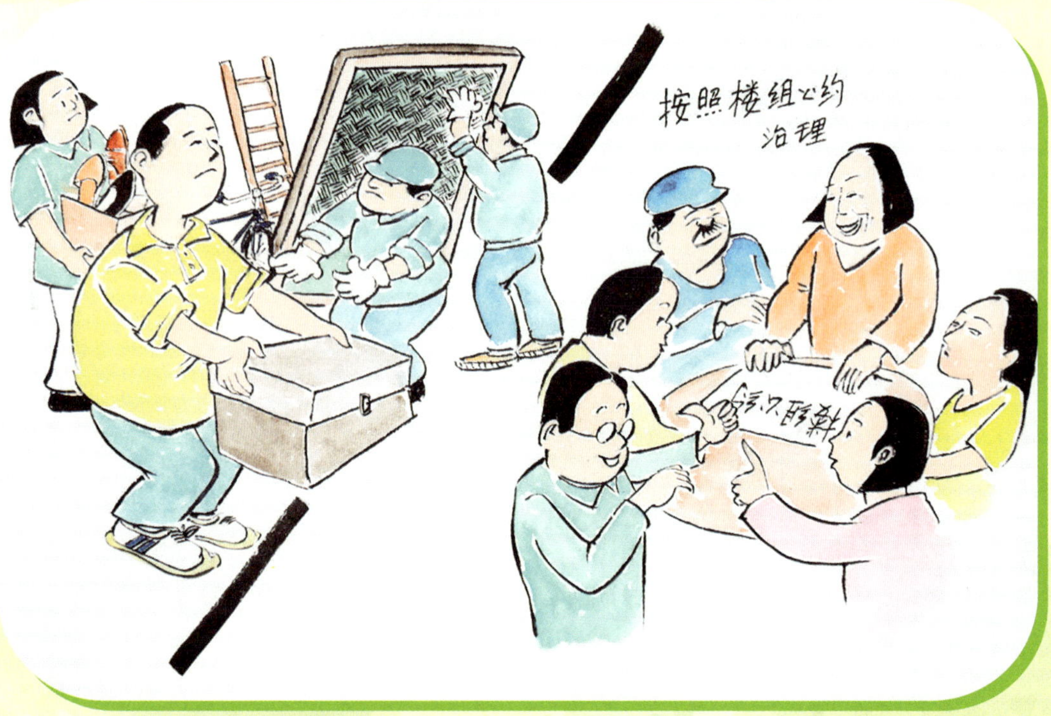

清理堆物除陋习，尝试方法定公约。
依托活动解难题，楼组问题共治理。
发出倡议引关注，楼道公约大家议。
根据问题列清单，小组讨论初筛选。

清理堆物除陋习，
禁止抛物乱便溺。
逐条审议聚共识，
语句明确接地气。

市井谚语顺口溜，
文明标语诗词赋。
公约形式不拘束，
朗朗上口广知晓。

形成初稿作公示，
多方意见要听取。
楼组信箱宣传栏，
微信平台齐助力。
小组成员搭把手，
居民意见共收集。

居民反馈需梳理，逐条对照作修改。
最终成稿再公示，上门征询要签名。

疑难问题分步骤，长期计划可持续。
堆物抛物老大难，讨论小组议对策。

借助公约先宣传，
每家每户发倡议。
合理沟通讲技巧，
党员带头做榜样。

居委联合做工作，
科普教育知利害。
多番治理固成果，
日积月累正风气。

问题与应对方式

楼租公约的制订也并非一帆风顺，特别是涉及居民利益的时候，很难让居民在相关的公约条款上达成共识。我们需要明白，居民为自己争取利益是正常且合理的。在讨论公约时，需要保证对公约内容而不是对居民的行为进行讨论，将话题集中在楼组问题上与居民探讨形成约定。

在依托楼组公约解决问题的过程中，我们会发现某些顽疾问题因涉及居民利益而遭到阻挠，相关的工作难以推进。针对这种情况，我们首先要表示理解，毕竟各家情况不同，各有各的难处。鉴于楼组工作是讲究情谊的，我们可以从“邻里之情、朋友之交”这方面入手，拜托与相关居民关系较好的居民来做劝说和疏通工作。

有时，我们会遇到居民在公约上签了字，但在实际操作上却不拿公约当一回事的情况。首先，我们要明白，居民的规则意识是需要时间来培养的。所以遇到这种情况，我们要好言相劝，不要与居民直接对峙，也不要指责居民，以免与居民爆发冲突，造成关系失和。我们可以在楼组生活中间接的予以提醒，督促居民之间互相监督，慢慢引导居民遵守公约内容。

居民利益难协调，
公约制定缺共识。
气氛尴尬心不急，
争取利益是好事。
讨论公约不对人，
聚焦问题谈约定。

顽疾整治遇阻力，
实际困难需顾及。
居民工作居民做，
注重情义卖面子。

冷嘲热讽莫较真，
公道自在众人心。
服务先行后要求，
处理问题讲情谊。

不拿公约当回事，
屡次劝说伤和气。
意识培养需时日，
违反公约莫对峙。
间接提醒不指责，
互相监督树正气。

形成特色

楼组活动

真不少

总结提升

很需要

楼组小故事

楼组小故事——

优势VS不足　大家说

楼组小故事

楼组小故事——

优势VS不足　大家说

楼组小故事

楼组小故事——

优势VS不足　大家说

楼组小故事

楼组小故事——

优势VS不足　大家说

楼组小故事

楼组小故事——

优势VS不足　大家说

楼组小故事

楼组小故事——

优势VS不足　大家说

楼组小故事

楼组小故事——

优势VS不足　大家说

经过了一年的时间，我们的楼组工作开展了不少，有收获，有感悟。对此，我们需要对一年来的工作情况作一次全面的回顾。

一般来说，我们可以在年末，召集所有的楼组居民召开楼组聚餐或是楼组茶话会，在会上边吃边谈一年来大家对于楼组服务和活动的感受。我们可以先致上新年贺辞，带动大家谈谈在这一年中令自己印象深刻的事件、故事，或是对于楼组服务、活动内容的意见，提出自己的需求。以这样轻松的形式，完成对本年度楼组工作的评议，在居民叙事的过程中，明确楼组工作的优点与不足，作为下一年改进工作的依据。聚会结束后，我们需要对居民提议的内容进行总结，将其填入“楼组小故事”中。

节日联欢常相聚，温馨故事多回忆。
活动大家来评价，不足之处要牢记。
一年活动告段落，年底聚餐茶话会。
每人一菜大家品，边吃边说多回顾。

楼长致上贺年词，带动气氛引故事。今年二月风寒峭，独居老人心意冷。一声轻柔门铃响，原是楼长来探访。热情迎接进屋坐，聊聊近况谈谈心。临走留下一封信，字里行间传真情。居民共谋庆生会，老泪纵横百感集。

活动适合老人多，
青年家庭缺参与。
建议关注小朋友，
儿童成长亦刚需。

多讲故事知成果，
多听意见明不足。
聚餐结束说总结，
楼组情谊来年续。

问题与应对方式

在聚餐或是茶话会的过程中，居民可能会顾及情面，而不提批评意见。居民的好意我们要理解，但这样一来，我们就无法知晓楼组工作在居民心中的真实情况。为此，在这之前，我们要向居民提议畅所欲言，批评和提议是帮助楼组发展的一剂良药。在居民叙事的过程中，可能有的居民因为说到动情之处而情绪激动，此时我们要换位思考，适度地回应居民，照顾他们的情绪。楼组工作的成功开展离不开楼组长和楼组骨干们的无私奉献，而其中的酸甜苦辣唯有亲身经历才会懂得。我们也要为自己加油鼓劲，再接再厉！

居民念及楼组情，拉不开脸说问题。
长期互动出真情，认可活动也足以。
骨干带头提不足，自我反思找改进。

故事说到动情处，难以抑制泪夺眶。
换位思考同理心，适度回应顾情绪。

楼组故事千千万，楼长奉献万万千。
做好楼道大家长，一路走来不容易。

楼组主题风采

主题风采展示：

（填写说明：在方框处添加楼道主题展示照片）

楼组主题风采

主题风采展示：

（填写说明：在方框处添加楼道主题展示照片）

楼组主题风采

主题风采展示：

（填写说明：在方框处添加楼道主题展示照片）

楼组主题风采

主题风采展示：

（填写说明：在方框处添加楼道主题展示照片）

楼组主题风采

主题风采展示：

（填写说明：在方框处添加楼道主题展示照片）

楼组主题风采

主题风采展示：

（填写说明：在方框处添加楼道主题展示照片）

楼组主题风采

主题风采展示：

（填写说明：在方框处添加楼道主题展示照片）

楼组主题风采

主题风采展示：

（填写说明：在方框处添加楼道主题展示照片）

楼组工作的成果不仅要在楼组内宣传，也要向外打出品牌。为此我们需要打造属于本楼组的主题品牌。打造主题楼组分为3个步骤：

1.命名楼组

一个好听又响亮的楼组名字对于主题楼组的建设起着至关重要的作用，一方面可以增强楼组居民对于楼组的归属感和认同感，通过一个名字凸显一种文化从而将居民紧密联系在一起；另一方面，一个贴切的名字可以在一开始就让听者了解楼组的特色、文化等信息。所以，我们可以发动居民集思广益，为楼组起一个响亮且具特色的名称，如牡丹楼、书香阁等。

2.布置楼组

楼组有了一个响亮的名字之后，下一步就是围绕楼组主题（如孝亲敬老、科普、绿化、亲子等）布置我们的楼组，给居民和来访者直观的感受。我们可以同骨干们一起动员楼组居民，各自分工凑齐布置用的贴纸、书画作品、手工艺品等，让居民参与到对自己楼组的布置活动之中，提升居民们的参与感和主人翁意识。同时在布置过程中要拍照留影，年年回顾，在对比中让居民们感受到每年楼组的变化。

3.开展活动

有了名字，作了布置，接下来我们就要通过一系列的活动，来呈现楼组主题了。一方面，我们可以通过将楼组主题与楼组服务或活动相结合的形式，如一个环保主题的楼组，在开展亲子活动时，将活动名称定为“小手拉大手，绿植显身手”，将环保主题与亲子活动的需求有机结合；同时，培育的植物又可以作为楼组景观进行布置，进一步体现环保楼组的主题。另一方面，在平时的宣传和节日聚会中也将其与楼组主题进行结合，从而达到“处处显主题，主题入人心”的目的。

最后，不要忘记将楼道布置和活动的照片粘贴在“楼组主题风采”中，作为楼组成长的见证保存下来。

楼组需要好名字，集思广益出点子。
绿化健康科普楼，孝亲敬老书香阁。
楼组文化千万种，主题布置展风采。

话力主题需直观，
小组分工凑物资。
可爱贴纸上墙面，
纸折动物挂楼间。
一进楼组气氛浓，
儿童喜爱家长欢。
楼道风采多留影，
每年回顾看改变。

楼长骨干问建议，回顾楼组成长史。
一家三口比较多，亲子活动主基调。
小孩轮流出板报，年底联欢演节目。
才思泉涌灵感来，命名楼组活力社。

问题与应对方式

在探索楼组主题的过程中，有时我们会遇到楼组特色难于提炼的情况，此时不要心急，要坚信只要慢慢探索，特色终会显现。如果实在找不到特色，也没有关系，毕竟楼组建设的目的在于让楼组居民的生活更加和谐、更加丰富，增加楼组居民的福祉。居民的认可是第一位的，所以没有必要追求标新立异，简单朴素同样也会受到居民的欢迎。

在布置楼组时，可能因为经费紧张导致物资筹备不充分，不用担心。对外，我们可以向居委会、物业提出资源支持的请求；对内，我们可以动员居民将用不着的物品捐献出来布置楼道。楼组的布置也不用一味追求视觉效果，简洁怡人、因地制宜才是最好的。

活动特色不明显，坚定信心莫怀疑。
标新立异不必要，简单朴素亦可取。

楼组资源不充足，条件各异勿放弃。
居委物业找资源，居民捐物尽份责。
因地制宜多开发，因陋就简量力行。

主题也许不响亮，居民认可是第一。
坚持不懈找突破，楼组建设携手行。

楼组社区影响力

我们的社区活动：

（填写说明：在“□”处打钩，也可在空白处填写楼组参加的其他社区活动）

参加社区楼组活动记录表

时 间	年 月 日	参加人数	
活动地点		所属居委（区域）	
活动主题及内容			
活动类别	□ 睦邻屋建设 □ 楼组长经验交流 □ 楼组学习参观 □ 其他		
备 注			

时 间	年 月 日	参加人数	
活动地点		所属居委（区域）	
活动主题及内容			
活动类别	□ 睦邻屋建设 □ 楼组长经验交流 □ 楼组学习参观 □ 其他		
备 注			

参加社区楼组活动记录表

时 间	年 月 日	参加人数	
活动地点		所属居委(区域)	
活动主题及内容			
活动类别	□ 睦邻屋建设 □ 楼组长经验交流 □ 楼组学习参观 □ 其他		
备 注			

时 间	年 月 日	参加人数	
活动地点		所属居委(区域)	
活动主题及内容			
活动类别	□ 睦邻屋建设 □ 楼组长经验交流 □ 楼组学习参观 □ 其他		
备 注			

参加社区楼组活动记录表

时 间	年 月 日	参加人数	
活动地点		所属居委（区域）	
活动主题及内容			
活动类别	□ 睦邻屋建设 □ 楼组长经验交流 □ 楼组学习参观 □ 其他		
备 注			

时 间	年 月 日	参加人数	
活动地点		所属居委（区域）	
活动主题及内容			
活动类别	□ 睦邻屋建设 □ 楼组长经验交流 □ 楼组学习参观 □ 其他		
备 注			

我们的主题楼组终于建成啦！想必楼组长和楼组骨干们对于楼组建设已经是胸有成竹，并成为楼组建设的老法师了。

正所谓“授人以鱼不如授人以渔”，既然我们的楼组已经建设得卓有成效，那么我们不如协助居委会，将自己的楼组工作经验同其他楼组长进行分享，为整个社区的楼组建设工作添砖加瓦。所以，在楼组会议上，我们可以将这本《楼组自治指导手册》作为汇报材料，细致地为其他楼组长介绍我们的楼组工作思路、经验及成效，通过讲故事的方式，为楼组长们介绍工作过程和感悟，为他们带来思想上的启迪。

同时，我们还可以邀请其他楼组的居民来到我们的楼组中进行参观交流，会同楼组骨干们热情地为访客介绍楼组的主题特色，结合活动照片谈谈楼组服务、活动以及工作中的体会，并与其他主题楼组进行交流学习，互助共进。

此外，为了进一步提升楼组工作，我们还可以申报“美丽楼道”“社区睦邻点”等。通过这些楼组建设工作，获取更多的建设资源、提升楼组品质，让我们的楼组能够得到持续的发展助力。

当然，参加过的活动情况也不要忘了在“参加社区楼组活动记录表”中添上一笔哦。

楼长会议授经验，配合居委搞宣传。
主题建设做推广，楼组文明传社区。
楼长会议不缺席，介绍经验无保留。
大方得体语气缓，娓娓道来显自信。

光说成果还不够，
关注过程谈感受。
详说楼组小故事，
细节技巧不遗漏。
介绍完毕致感谢，
居委居民功不没。

主动邀请来参观，通知骨干做接待。
热情迎客显尊重，主题特色先介绍。
结合照片谈事例，点滴体会都重要。

参观完毕要送客，
鼓励楼长做参考。
社区活动多参与，
美丽楼道睦邻点。
楼道建设意义远，
提升品质是关键。

问题与应对方式

居民热心于楼组的建设与发展是一件好事情，但是也要量力而行，楼组长和楼组骨干们要注意劳逸结合，优先照顾好自己的家庭和生活，循序渐进地为社区楼组建设工作贡献力量。

而对于其他社区居民的不理解或冷言冷语，我们大可不必放在心上，是金子总会发光，当他们了解了我们的楼组工作的成效和楼组良好的氛围之后，态度自然会有所改变。

楼组建设是一个漫长的过程，很多时候不是靠只言片语就能说清楚的。为此，我们可以通过邀请参观的方式，让楼组长们实地感受一下，并将这本《楼组自治指导手册》借给楼组长们参考借鉴，给予他们更为直观的感受。如果其他楼组长的感受不深，也不要灰心，经验的推广不是在一朝一夕之间完成的，我们只需要将工作中的感悟和经验耐心地向楼组长们进行分享，相信不久之后，社区中的主题楼组会像雨后春笋一般不断地产生。

志愿精神有极限，
社区宣传缺动力。
骨干也需歇歇脚，
过度付出难坚持。
量力而行需渐进，
顺势而为借外力。

社区居民不理解，闲言碎语泼冷水。
赞美怀疑都会有，放宽心态来看待。
楼组建设路漫漫，只言片语难说清。
邀请参观成效显，传阅手册方法明。

未达预期莫灰心，
经验推广非朝夕。
楼组建设都获益，
赠人玫瑰手留香。

附录

经验参考

理念背景

来补充

经验资料

供参考

一、楼组主题选择

为了夯实加强居委会建设,根据虹桥镇楼组自治的基本情况，将楼组建设主题与社区建设专题相结合，凸显主题楼组建设对于社区发展的意义，在试点楼道建设阶段确定价值引领、民主商议、关系凝聚、人文关怀、邻里互助等主题板块。在主题楼组推广过程中，各楼组也可以根据楼组特色自行确定主题类型。

二、主题楼组要素

项目组通过虹桥镇主题楼组的试点培育，以闵行区其他街镇已有的楼组建设经验为基础，进行了进一步的挖掘和拓展，总结出了主题楼组建设的基本过程以及所需具备的五个基本要素：楼组建设主题、楼组主题服务、楼组服务平台、楼组自治小组、楼组共享价值（详见图1）。

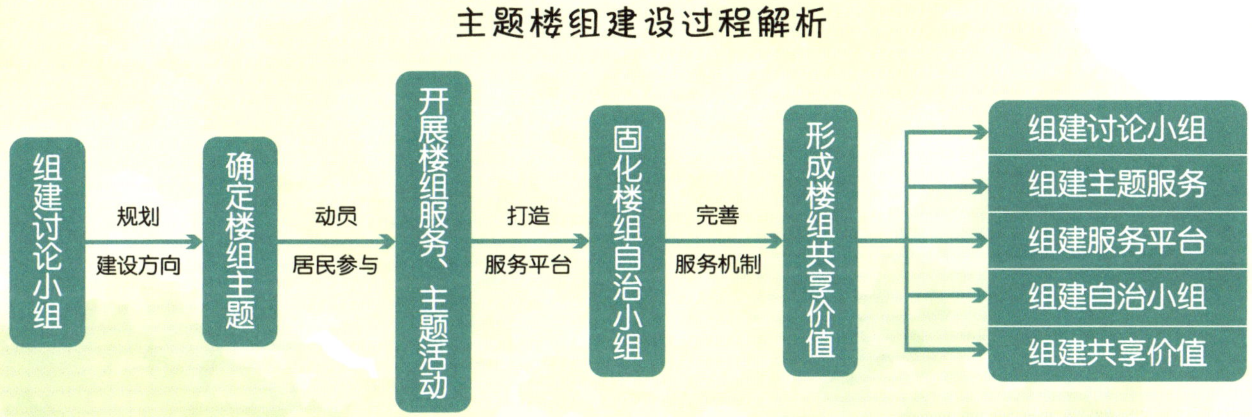

图1 主题楼组建设过程简析

三、楼组建设形式参考

在主题楼组建设过程中，各个楼组可以根据楼组具体情况，采用一些建设形式。以下提出一些形式作为参考：

（一）在价值引领主题楼组，楼组长可以动员楼组党员资源，通过成立党员小组或楼组党支部等形式，开展党员服务，发挥党员价值引领作用，居委会可通过在比较成熟的楼组建立社区党员工作示范点、组织楼组联谊互动、搭建交流平台等方式，强化楼组价值引领功能。

（二）在民主商议主题楼组，楼组长可以通过挖掘和培育发掘居民骨干，动员楼组热心居民共同商讨楼组事务，制订某种形式的公约、口号或某种解决方案，激发楼组居民的参与意识。居委会可通过在比较成熟的主题楼组建立民主商议示范点、下放社区事务到楼组讨论、搭建交流平台等方式，促进楼组开展民主商议。

（三）在邻里互助主题楼组，楼组长可以针对居民需求或楼组问题选择和实施楼组服务，因陋就简选择合适的服务形式。例如，在楼组中实施代收邮件快递、提醒防火防盗、提供便民工具箱等形式的互助服务。居委会可通过在比较成熟楼组建立睦邻点、成立楼组志愿者等方式，推动社区互动服务和志愿服务活动，促进楼组邻里互助。

（四）在关系凝聚主题楼组，楼组可以针对节日开展一些楼组活动。例如，通过大家烧菜一起吃、共度传统节日等形式发掘居民同质属性，营造楼组归属感。居委会还可通过在比较成熟的主题楼组开展主题活动、建立楼组公共客厅等方式，及时化解社区居民间的矛盾，促进楼组关系凝聚。

（五）在人文关怀主题楼组，楼组可以通过开展比如社区书画展、摄影展等方式的文化活动，也可以通过关爱楼组内的弱势群体和困难家庭，促进楼组居民互相关怀，促进楼组文化的形成。居委会可以通过社区楼组联合开展文化活动、倡导楼组结对子等方式，促进楼组形成人文关怀氛围。

操作指引

《楼组自治指导手册》记录着楼组大家庭的成长，记录着楼组居民为楼组所作的每一份贡献，记录着邻里间从陌生到熟知的一段段心路历程。它是楼组自治工作的辅助工具，能够为楼组长及其他楼组骨干梳理自治工作思路提供参考。同时,《楼组自治指导手册》也是一份珍贵的档案，叙述着楼组中一丝丝微小的改变、一个个感人的瞬间。

主题楼组建设分为走近居民、找准方向、暖心活动、形成特色四个阶段。针对每个阶段的不同工作，《楼组自治指导手册》都配套了相关的实务工具，并配上使用说明，供您在建设主题楼组的过程中查阅和参考。

1. 走近居民

（1）楼组家底

了解楼组及成员的相关情况是开展楼组自治工作的前提。楼组长可以将了解到的楼组基本信息填写在相应的横线处，信息内容包括楼组所在地、所属居委会、房屋类型、户数、各年龄段的居民数量等；勾选通过何种方式联系楼组居民，如微信联系、打电话、上门拜访、楼组信箱等，明确楼组联络手段。

（2）楼组通讯录

在征得居民的同意后，楼组长可将该户居民信息填入“楼组通讯录”中，方便统计、了解本楼组居民情况，并为之后开展楼组工作提供参考。因涉及楼组居民的个人信息，楼组长需要妥善保管楼组通讯录，切莫外传。

（3）楼组需求与问题

为了帮助楼组长掌握楼组需求与问题，楼组长可将自己发现的或由楼组居民反映的需求以及与楼组相关的问题简要记录在楼组问题清单之中，并将问题处理结果填写在备注一栏中。

（4）楼组资源

楼组中的专家资源是开展楼组服务及活动的一大助力。楼组长可结合楼组通讯录中的相关信息，找到楼组中的专业人士，如医生、律师、电工等；同时，了解楼组中居民的兴趣爱好及特长，将其一并填入“楼组专家摸底汇总表”之中。此外，职业特长并不仅限于工作，也可以是兴趣爱好方面的特长，如乐器、运动等。

2. 找准方向

（1）楼组骨干

楼组建设需要楼组长与楼组居民共同努力，因此需要团结一批热心居民形成楼组骨干团队帮助楼组长开展工作。为了提升团队的认同感，楼组长可与楼组骨干一起成立自治团队，并为自己的团队起一个响亮的名字，同时将楼组骨干的联系方式填入“楼组骨干花名册”中，方便联系。

（2）楼组服务

通过梳理楼组的日常服务，可以进一步把握楼组需求。楼组长将目前楼组中的日常服务内容（如邻里矛盾调解、社区活动通知等）填写在画中，并根据服务开展相关情况，填写“楼组服务记录表”。

（3）楼组主题活动安排

楼组主题活动区别于楼组的日常服务，是针对楼组中某一类特定需求或问题，面向整个楼组开展的，包含具体阶段划分及活动设计的工作。楼组长需与楼组骨干一同商定主题活动方案，将每阶段的活动安排填写在活动排片表中，并将每次的会议讨论记录填写在楼组主题活动会议记录表中，附上讨论时的照片。

3. 暖心活动

（1）楼组活动宣传与筹备

楼组活动的开展需要在前期向楼组居民进行宣传，让居民知晓活动主题、内容、时间、地点等，方便居民安排时间参与。

楼组长可采用微信、楼组公告栏、小黑板等方式开展宣传工作宣传工作结束后，填写“楼组活动宣传记录表”，内容包括宣传的时间、宣传的活动主题，形式，并将宣传时拍摄的照片粘贴在表格内。

（2）楼组的暖心活动

暖心活动开展过后，需要留下相关的痕迹，方便记录楼组的成长点滴。楼组长可将活动内容在相应横线处作简要描述，并贴上活动照片，作为楼组自治工作的记录留存。

（3）楼组公约解难题

楼组生活的稳定与有序离不开制度的保障，因此楼组长需要与楼组居民一起商议并制订具有本楼组特色的楼组公约，并依照公约处理楼组事务。在楼组公约完成公示，且所有居民签字认可之后，楼组长可将公约填写在“我们的公约”处，并将那些通过楼组公约解决的问题案例，简要填写在“楼组公约解决问题记录”中，以此体现公约的效力，保证楼组公约的落实。

4.形成特色

（1）楼组小故事

楼组小故事可以是楼组活动、日常服务的开展情况，也可以是解决楼组问题、商议楼组事务等过程中出现的点滴事项，楼组长可以将这些作为议题，组织楼组居民进行评议，并将居民的意见填写在“优势VS不足大家说”一栏中，作为总结楼组工作的重要参考，也以此带领居民回顾楼组工作，加强居民对楼组的归属感。

（2）楼组主题风采

通过一系列的楼组活动，居民之间的关系逐渐紧密。楼组长可与居民共同商议，确定楼组建设的主题（具体方式可参考附录“经验参考”），围绕该主题发动楼组居民一同开展活动、布置楼道，将活动过程与楼组布置情况以照片的方式予以留念，并粘贴在“主题风采展示”一栏中。

（3）楼组社区影响力

俗话说“授人以鱼不如授人以渔”，楼组长可将优秀的楼组建设经验与其他楼组长进行分享、讨论，在对外展现楼组风采的同时，帮助居委会推广楼组建设工作，达成共同成长的目标。楼组长可在“我们的社区活动”一项中，勾选楼组参与过的社区活动，并将活动情况简要填写在“参加社区楼组活动记录表”中。

5. 经验参考

当主题楼组建设工作遭遇瓶颈时，不妨看看我们为您准备的附录“经验参考”。它浓缩了近年来主题楼组建设的有效经验，希望能为您的工作提供一点有益的参考。

后记

根据党的十八届三中全会中“关于国家治理体系现代化建设”的整体部署，上海市于2014年开展了以“创新社会治理，加强基层建设”为主题的“一号课题”调研。调研形成了《中共上海市委上海市政府关于进一步创新社会治理加强基层建设的意见》。该意见所表达的核心观点，在城市居民委员会层面，存在着治理能力有限、资源整合程度不高、社会力量参与较少、居民自治意识不强等诸多问题。针对这些问题，居委会需要全面推进区域化党建、深化网格化管理、推进居民自治，从而形成社区治理的合力。

为响应“一号课题”的相关部署，夯实居委会自治基础、培养居民自治意识，虹桥镇以社区发展的各类专题为主题，开展主题楼组建设试点工作，并总结提炼了主题楼组建设的一般过程和基本要素。在此基础上，为进一步发挥主题楼组在社区中的自治功能，将楼组自治主题与社区发展专题有机结合，实现主题楼组建设经验的推广与复制，2015年虹桥镇与上海东方社会工作事务所合作编写《我们的楼组故事》主题楼组建设实务手册。《楼组自治指导手册》即是在上述实务手册的基础上改编而成的。

本手册有机结合了楼组建设的研究成果与实践形式,是一次政、社、校三方合作的有益尝试。在此,感谢参与本手册编制的工作人员,感谢虹桥镇政府以及华东理工大学在手册编制中给予的帮助,感谢闵行区民政局的指导及大力支持。希望本手册能够为社区自治工作的开展提供新方法和新思路。